ÉMILE HAYEM

LIEUTENANT DE RÉSERVE AU 13e CHASSEURS

QUELQUES SEMAINES

AU MAROC

FRANCE - ESPAGNE

OUVRAGE ORNÉ DE NOMBREUSES PHOTOGRAPHIES

PARIS

E. BASSET & Cie, ÉDITEURS

3, Rue Dante, 3

Prix : 2 fr.

QUELQUES SEMAINES AU MAROC

DU MÊME AUTEUR

La Garde au Rhin.

Menace Prussienne.

Visite au Musée Militaire de Berlin.

ÉMILE HAYEM

LIEUTENANT DE RÉSERVE AU 1ᵉ CHASSEURS

QUELQUES SEMAINES

AU MAROC

FRANCE - ESPAGNE

OUVRAGES ORNÉ DE NOMBREUSES PHOTOGRAPHIES

PARIS

E. BASSET & Cᵉ, ÉDITEURS

3, Rue Dante, 3

Prix : 2 fr.

INTRODUCTION

Les lignes qui suivent, extraites d'une correspondance privée, n'étaient pas destinées à voir le jour. Si l'auteur se résout à les laisser paraître sur le conseil même de ses correspondants et de ses amis, c'est parce qu'il veut renseigner, en toute franchise et indépendance d'esprit.

Il s'excuse du désordre voulu dans lequel toutes les matières sont présentées et qui résulte d'observations successives qui se sont précisées peu à peu.

L'auteur partit pour le Maroc, afin de visiter un pays nouveau s'ouvrant à notre activité, n'étant animé contre l'Espagne d'aucun sentiment défavorable ; au contraire, imprégné de culture classique, il considérait la contrée voisine comme un prolongement de la France. Il avait présent à l'esprit le souvenir des ambassadeurs du xviiᵉ siècle venant offrir la couronne royale au jeune Duc d'Anjou, et il se rappelait ce propos de courtisan : *Il n'y a plus de Pyrénées*. L'Espagne lui apparaissait comme la nation chevaleresque, la sœur latine, éclatante de lumière, de couleurs, et telle que Bizet nous l'a révélée. Aussi avait-il été simplement amusé par la boutade du capitaine Coignet traçant en deux coups de fusain le portrait des Espagnols.

Dans ce pays ce sont les puces qui font le lit. Les indigènes les saisissent entre deux doigts, les jettent à terre et les écrasent en disant : que celui qui t'a fait te nourrisse. Voilà ce sale peuple.

Or, le brave Coignet avait pratiqué les Espagnols et il ne les aimait guère. Sans doute pour les juger les a-t-il vus à l'œuvre. Nous aurions aimé faire comme lui : nous ignorons les intentions de l'Espagne, mais nous en voyons les effets sur lesquels à regret nous n'avons pu assez nous étendre.

Ce que nous pourrons affirmer, c'est que les Français rapportent du Maroc une opinion nette et toute opposée à celle qu'ils avaient de l'Espagne avant leur départ, alors qu'ils ne connaissaient ce pays qu'à travers les fictions du passé.

En publiant ce qu'il a vu, l'auteur se fait un devoir de détromper ses concitoyens. Il veut rompre la glace et décider des Français mieux renseignés que lui à éclairer à leur tour le pays.

L'attitude bienveillante de la Presse est aussi incompréhensible que la longanimité du Gouvernement. Il faut que l'on sache le rôle joué par l'Espagne, l'œuvre de haine que sans raison elle poursuit contre nous, il faut que l'on dise comment nos nationaux au Maroc jugent unanimement notre Bonne Sœur, et comment ils sont tous étonnés et affligés de voir la grande France se commettre plus longtemps en négociations stériles avec une Espagne.

Que fait l'Espagne au Maroc? Rien.

Que peut-elle y faire? Rien.

Que saura-t-elle y faire? Toujours rien.

Quel but poursuit-elle? Aucun. Des considérations politiques et dynastiques l'ont entraînée dans l'aventure marocaine. Des considérations financières et des complications intérieures l'en feront sortir. Sa présence se traduit par une attitude puérile faite à la fois de suffisance et de morgue, par un esprit d'opposition mesquine et tatillonne.

Elle déverse sur le pays la lie de sa population et discrédite le roumi dans le monde musulman; elle nuit à l'œuvre civilisatrice qu'elle est incapable de servir, elle ne sait que paralyser nos efforts par sa mauvaise volonté, alors que sa bonne volonté seule ne le rendrait pas encore capable de nous seconder.

Qu'on relise les journaux, qu'on relève toutes les odieuses vexations dont nos agents et nos nationaux ont été l'objet, qu'on se rappelle l'histoire des télégraphes chérifiens, l'opposition systématique à notre action. L'Espagne dans ses désirs contradictoires voudrait nous obliger à partager avec elle les profits d'une gestion qu'elle s'ingénie à contrarier.

Certes, l'Espagne est un grand pays; sa superficie est presque égale à celle de la France, mais sa population clairsemée est au large avec 18 millions d'habitants. Tandis que la densité de la population française est de 70 habitants au kilomètre carré, celle de l'Espagne n'est que de 37.

Les Espagnols, ce semble, pourraient, s'ils sont en veine de culture, d'exploitation et de prospection, commencer par mettre en valeur leur pays riche et fertile. Si cette nation réputée chevaleresque et belliqueuse est en veine d'aventures guerrières, elle pourrait, sans franchir le détroit, songer un peu à l'enclave de Gibraltar et porter ses regards sur les couleurs du pavillon qui depuis plus de deux siècles flotte sur cette redoutable citadelle, ou, tout au moins, puiser dans ce spectacle des sentiments modestes.

Qu'a fait l'Espagne de son domaine colonial? Quels souvenirs affreux ont conservé de sa domination les populations qui ont subi et secoué son joug?

Rostand a synthétisé cette œuvre sangui-

naire et stérile dans un vers immortel en
dénonçant chez un prince de sang espagnol :

... ce regard déjà vu dans des cadres,
Qui rêve de bûchers ou pleure des escadres.

———————

Toute autre est l'œuvre française.

L'intérêt du sultan, des populations musulmanes et de l'Europe entière nous appelle dans l'Empire marocain, la France est la seule puissance capable de ramener l'ordre et la sécurité dans ces pays malheureux. Notre probité, notre longue pratique du monde de l'Islam, autant que nos vertus colonisatrices, réservent à nous seuls la faculté de mettre les terres en valeur, de développer l'élevage, d'améliorer les espèces animales, d'en acclimater de nouvelles, de créer des ports, des routes, des chemins de fer et d'exploiter le sous-sol.

Seule la France mènera à bien cette immense entreprise, fera naître la propreté et l'hygiène, dirigera vers le Maroc des colons travailleurs et aisés qui rémunéreront la main-d'œuvre indigène au lieu de la laisser improductive ou ou de la concurrencer.

Mais il y a plus. Ce sont des raisons nationales des intérêts bientôt séculaires qui ont conduit pour la seconde fois la France au Maroc. La conquête de 1830 qui impliquait le protectorat tunisien entraîne aussi le protectorat marocain, sinon notre situation en Algérie serait toujours précaire. Comment assurer en effet, la paix le long d'une frontière de 600 kilomètres et large de 50, alors que des peuplades nomades et turbulentes commettent des exactions, compromettent notre œuvre patiente, puis, par la fuite, échappent à la répression?

Comment la France pourrait-elle encore, sans faillir à ses destinées, et alors qu'elle touche au but, oublier trente années de grande guerre, trente autres de luttes et d'escarmouches et faire si bon marché d'un sol rougi du sang des plus nobles de ses fils?

Sans doute notre politique extérieure se ressent de l'instabilité gouvernementale et les changements de point de vue entraînent des changements de direction et portent ombrage à notre œuvre africaine.

Chacun de nos gouvernements est prêt à faire tout son devoir, mais chacun a de ce devoir une conception différente; de là l'incohérence.

Un grand Français a dit :

La difficulté n'est pas de faire son devoir, mais de le connaître.

Que nos gouvernants aillent au Maroc, qu'ils prennent contact avec nos nationaux et les indigènes, qu'ils voient les réalités. Ils rapporteront de cette visite une impression lumineuse. Sur le sol chérifien, la voix de la France se fera claire : quels que soient leur parti et leur opinion, ils marcheront droit sur le point de direction que l'intérêt de la France assigne à leurs efforts et ils seront pénétrés d'admiration par l'unité de conception et d'exécution qui caractérise l'œuvre militaire française depuis la conquête : que les civils prennent modèle sur les soldats.

Là-bas, plus d'idéologie, mais des conceptions simples et pratiques : nos ministres seront empoignés par la grandeur de leur rôle. Tandis qu'ils jugeront à sa valeur l'action espagnole, ils sentiront la nécessité de soutenir et de seconder mieux les efforts courageux des représentants de la France en territoire chérifien.

Bref ils connaîtront leur devoir, donc ils le feront.

Mai 1912.

QUELQUES SEMAINES AU MAROC

Les lignes qui suivent sont extraites d'une correspondance que des personnes amies ont reçue du Maroc en décembre et en janvier derniers. Elles n'étaient pas destinées aux honneurs de l'impression.

L'auteur, qui a limité son voyage à deux villes, Tanger et Casablanca et qui a pénétré dans l'intérieur de la Chaouïa, était allé voir « ce qu'il y avait à faire », au point de vue industriel, commercial, agricole.

Les notes qu'il rapporte contiennent des indications qui intéresseront certainement nos lecteurs en un temps où notre activité nationale s'oriente de plus en plus vers ces riches contrées ouvertes à la France.

L'auteur pressenti consent à la publication, mais il désire que la forme et le fond ne soient pas retouchés malgré leur imperfection, afin de conserver à cet opuscule son caractère de première impression à la fois primesautière et sincère.

En chemin de fer entre Arles et Marseille.

... Quel temps ! Quel soleil ! Quelle chaleur ! On dirait la côte normande au mois d'août ! Que

le Midi est beau et comme l'hiver est resplendissant !

J'espère que ce beau soleil ne luit pas pour moi
seul et qu'il caresse, à Passy, les platanes effeuil-
lés !

Pendant que j'écris, le train côtoie les admira-
bles étangs de la Crau, la plaine est couverte d'une
forêt rabougrie et trapue d'oliviers, cependant que
de loin en loin un rideau de cyprès jette une note
noire et parnassienne.

Quel soleil ! Depuis que j'ai commencé cette
lettre, j'ai déjà bruni.

Dieu ! ce soleil nettoie le cerveau et l'assainit.

Le navire doit partir dimanche.

A BORD, *entre Marseille et Tanger.*

... Le temps est assez beau actuellement, la mer
est calme, il n'y a qu'un léger tangage... Je suis
sur un paquebot très confortable, nous sommes
largement installés : c'est un vapeur faisant le service : Australie, Indes, Suez, Marseille, Londres.
Mais ce n'est pas gai ; quel calme anglo-saxon !
Quel silence ! Je suis au fumoir depuis plus d'une
heure, il y a dix messieurs et pas un n'a dit encore
un mot. C'est reposant, surtout au sortir de Marseille...

DE TANGER.

Je suis arrivé ici mardi et nous voici jeudi soir.
Que de choses, que d'impressions en quarante-huit
heures pour une personne qui tombe pour la première fois en pays musulman !

GIBRALTAR

Partie ouest
de
la rade

Entrée
de la
rade

Partie ouest
de
la rade

Immersion d'un Passager.

Depuis Marseille aucun incident notable. Pourtant, sur le *Marmora*, j'ai assisté à l'immersion d'un passager, M. X..., de Paris, qui, comme moi, s'était embarqué à Marseille à 10 heures du matin, qui est mort le soir même à bord et qui, le lendemain à 8 h. 30, était plongé dans la plaine liquide !...

Le capitaine et les huit officiers du bord assistaient à la cérémonie funèbre, le corps était dans un sac de toile enveloppé des couleurs britanniques. Sur un geste, le paquebot stoppa, le sac bascula et s'abîma dans la mer ! le navire repartit, les officiers se couvrirent, firent reporter leurs livres de prières dans leurs cabines et retournèrent à leurs occupations. Le capitaine expliqua benoîtement à quelqu'un « qu'il avait fait faire une grosse économie à la veuve ». *Requiescat in pace*... Quelle douloureuse destinée ! Voilà un passager qui s'embarque plein d'activité et de vie et qui est immergé vingt-deux heures après.

Cette immersion n'a pas impressionné longtemps les spectateurs de ce drame. Le voyage endurcit, le cœur ne prend jour que par un petit hublot et, en cas de gros temps on boucle tout. Dès lors, la cabine n'est plus éclairée que par la flamme intérieure : souvenirs et espérance. Au loin, l'homme prend un tour d'esprit tout spécial. Ceux qui me liront au foyer ne me comprendront peut-être pas ; ils ne sont pas au diapason.

Le naufrage du « Delhi ». — L'accident du « Friant ». — Les Espagnols.

Ce matin, d'ailleurs, j'ai assisté à un spectacle analogue. Vous aurez lu dans tous les journaux que le vapeur *Delhi* portant la princesse de Fife, sœur du roi d'Angleterre, s'est échoué sur un banc de sable au cap Spartel, c'est-à-dire chez nous, au Maroc, et à 12 kilomètres de Tanger.

Un de mes camarades de voyage et moi visitions hier le camp du Tabor —soldats du Maghzen. officiers français — lorsque parvint la nouvelle. Le commandant Thoulat, qui est Français et chef de la police marocaine, commanda en notre présence un détachement de cavaliers et de fantassins, avec deux jours de vivres, 10 cartouches par homme et des couvertures pour organiser un service d'ordre auprès des naufragés. Le *Friant*, battant pavillon tricolore, arrivait justement en rade ; prévenu par radiotélégramme, il détacha immédiatement une chaloupe à vapeur montée par un officier, un ou deux quartiers-maîtres, des matelots ; la chaloupe chavira en cherchant à atteindre le *Delhi*, les hommes s'y cramponnèrent, s'y réinstallèrent, gagnèrent une crique, rallumèrent les feux et se portèrent au secours des Anglais ; hélas ! trois ou quatre de nos marins périrent, parmi lesquels un quartier-maître. Ces pauvres gens devaient bientôt appareiller et retourner en France !

Voici, tel qu'il est publié dans les *Annales du Sauvetage maritime*, le rapport adressé au capitaine de Frégate Lequerré, commandant du *Friant*, par le lieutenant de vaisseau Drujon qui montait la chaloupe de sauvetage.

Une première lame avait mis la chaloupe en travers et enlevé le second maître Remond...

Une fois les opérations de sauvetage accomplies, le lieutenant Drujon décide de rentrer à bord.

Il s'exprime en ces termes :

« Ma résolution était prise quand, environ

vingt minutes avant de partir, un canot à rames du *Duke-of-Edinburg* était venu m'accoster pour prendre le personnel et le conduire en rade.

« Je refusai l'offre, et le canot anglais prit le large, réussissant très heureusement à passer la barre.

« Je n'avais pas cru de mon devoir d'abandonner un canot à vapeur qu'il me paraissait possible de ramener à bord. L'équipage du vapeur envisageait avec le plus grand sang-froid la tentative que nous allions faire. Le patron Broussard, qui allait tenir la barre du vapeur, plaisantait même, et disait qu'il avait fait plus fort que cela. En citant ce trait, je veux simplement montrer quel état d'esprit réconfortant régnait à bord.

. . . .

« Il ne me restait plus que quatre à cinq mètres à franchir pour être de l'autre côté de la barre, quand une lame très forte arriva, souleva l'avant du vapeur, le fit tomber en travers et se déversa à l'intérieur. J'avais stoppé bien avant pour amortir le choc ; mais la lame était trop forte et j'étais trop près de l'endroit où elle déferlait.

« Tout le monde fut précipité à la mer pendant que le vapeur coulait à pic.

« Étant remonté en surface, je constatai que tout le monde nageait vers la côte. Lagadec coula presque aussitôt. Il a dû avoir une blessure, car excellent nageur, il n'était pas en peine de faire les deux cents mètres qui nous séparaient de la plage.

« Dans le tourbillon des lames, il était inutile de chercher à le retrouver.

« Le second maître mécanicien Carel était en avant, Boussard, Durrieu et Le Cannellec en groupe, moi derrière, à environ dix mètres.

« Nageur plus médiocre, je vis de suite qu'il

TANGER. — Vue générale

TANGER

Les

ieilles murailles

de la ville

Ces murailles

sont défendues

par des canons

de bronze

portant

à 25 mètres

Comment on

accoste au

Maroc.

L'intérieur

d'une barcasse

Au premier plan

le patron,

puis les colis.

Dans le fond

les deux

rameurs

était inutile de m'épuiser. Je fis la planche, avec
l'espoir d'être porté à terre par la mer.

« J'avais appelé plusieurs fois à l'aide, mû par
l'instinct de la conservation : mais il était impossible aux hommes qui me précédaient de me porter secours.

« Au bout d'un temps que je ne puis apprécier,
ayant heureusement conservé tout mon sang-froid
pour ne pas respirer au moment où j'étais roulé
par les lames, je sentais de la résistance sous moi
et prenais pied. J'étais dans un état de fatigue
extrême. Broussard s'en aperçut et me fit soutenir
par Le Cannellec et Thomas qui se remirent à
l'eau et me déposèrent sur le sable.

« Le quartier-maître mécanicien Durrieu était
également sauvé. Quant à Carel, qui avait atterri
le premier, on ne le voyait nulle part. Il a dû s'affais-
ser et se noyer dans un endroit où il n'y avait
qu'un mètre d'eau.

« Abandonnant la plage, je gagnai la brousse,
soutenu par Thomas qui, comme moi, était pieds
nus et trempé depuis dix heures du matin et litté-
ralement mort de faim.

.   .   .   .

« Avant de terminer, je tiens à vous signaler,
commandant, la conduite héroïque de mes com-
pagnons.

« Les faits parlent d'eux-mêmes. Mais ce qui est
impossible à rendre, c'est cette insouciance admirable de nos hommes devant le danger. Ils ont mon-
tré dans ces douloureuses circonstances qu'ils
étaient toujours dignes de leurs aînés et qu'ils sa-
vaient regarder la mort en face. »

Ce matin, nous nous sommes mis en selle, et
nous galopons vers le cap : tout le long de la piste
que nous suivons, c'est une procession de resca-

pés, de voyageurs et de marins anglais assez bien portants et flegmatiques, qui à pied, qui à âne, qui à mulet ; ils sont pâles, les cheveux en broussaille, les uns n'ont pas de chapeau, les autres sont pieds nus. Un officier anglais passe sur une mule, blessé à la main. Un autre officier anglais de Gibraltar vient à pied, je lui souhaite la bienvenue et lui offre des cigarettes, il est ravi.

Le convoi pittoresque s'échelonne par groupes à longs intervalles au milieu de tous les Arabes et de leurs troupeaux. Sur la piste, les femmes cheminent portant du bois à travers les cactus et les eucalyptus.

Arrivé sur une crète, je distingue au loin le navire échoué sur un fond de sable à 200 mètres des grottes d'Hercule, à peu de distance de roches sur lesquelles il peut se briser, enlisé dans le sable, drossé par les vagues, il semble irrémédiablement perdu ! cet énorme navire de 8.000 tonnes.

Pendant que j'observais ce spectacle émouvant, je vis venir trois cavaliers du Maghzen, armés de notre vieille carabine 74 (modèle artillerie), et accompagnés d'un mulet de bât. Sur ce mulet était attaché en travers un sac contenant le corps du quartier-maître ; un Arabe qui tenait la mule par la bride, faisait entendre de loin en loin des modulations gutturales ; je me découvris. Je dépassai le convoi et m'arrêtai quelques kilomètres plus loin devant une boulangerie de campagne où toutes les inscriptions étaient en français ; je donnai à la boulangère deux roses pour les attacher sur le sac.

Le corps de Carel fut transporté à l'hôpital militaire français.

Des funérailles imposantes lui furent faites auxquelles assistèrent tous les Français de Tanger et les officiers des marines de guerre française et anglaise.

De nombreux discours furent prononcés du côté anglais par l'ambassadeur et l'amiral le plus ancien. J'ai considéré avec émotion les physionomies des camarades de Carel qui montaient la chaloupe et échappèrent miraculeusement à la mort : ces héros dont le visage basané reflète encore la récente tempête se tiennent modestement au pied du cercueil et sont visiblement gênés quand le représentant de l'Angleterre se dégante, serre leurs mains et les remercie au nom de son roi.

Une cordialité un peu cérémonieuse, mais au fond très touchante, régnait entre les officiers des deux marines, remarquables par l'élégance et l'énergie de leurs traits et par la clarté, la fermeté de leurs regards.

Le corps fut porté par les camarades de Carel, escorté de détachements armés des deux marines, précédé par la musique du vaisseau amiral anglais qui jouait des marches funèbres... Il fut le soir même remonté à bord pour être enseveli sur la terre de France.

———

Les Espagnols n'ont perdu aucun des leurs au cours de ce sauvetage, je ne crois pas même que certains d'eux aient risqué leur existence. Ils ont ici une mauvaise presse : les civils et les officiers sont vus d'un fort mauvais œil ! nul n'approuverait une politique qui leur accorderait au Maroc une place qu'ils ne méritent pas. On ne saurait croire à quel point les négociations espagnoles passionnent l'opinion !

Abandonner à cette nation des territoires à l'ouest de la voie Tanger-Fez serait une hérésie, l'Espagne ne saurait pas nous en être reconnais-

Le corps du quartier-maître Carel rapporté à Tanger
dans un sac

TANGER. — Les funérailles imposantes du quartier-maître
Carel, du « Friant »,
mort en secourant les passagers du « Delhi »

sante, les Arabes ne le comprendraient pas.

L'Espagnol est considéré ici comme un parasite sans réserve et sans vergogne, qui vit des largesses d'hôtes riches et généreux et qui, par derrière, se retourne contre ses bienfaiteurs.

Débarquement à Tanger. — Le commerce. — Que faire au Maroc.

Je ne décrirai pas mon arrivée, les falouques et les barcasses, les cris et la *pouillerie* de tous ces musulmans qui nous ont mis à terre. Quel tableau ! Que de couleurs !

Tanger, au fond d'une baie admirable dominée par de hautes collines verdoyantes ; la ville touffue, montueuse, pleine de trous, de bosses, de maisons en pisé, peintes en rose clair ou en bleu ciel, et une foule variée grouillante, encombrante ; pas de voitures, pas d'autos, pas de trains, les ânes et les mulets portent tout, des Européens avec tous les costumes de la terre, pas de mode, pas d'époque ; les indigènes pieds nus dans la gadoue avec des gandouras de grosse bure fendues sur la chemise d'un blanc laineux, plus jaune que blanc ; partout des chevaux, des troupeaux de toute espèce. Une bande d'ânes chargés de bois de chauffage arrive des forêts ; voici un troupeau de chèvres, quelques-unes même montent l'escalier de l'hôtel ; un autre troupeau d'ânes, chacun portant sur son bât quatre petits tonnelets d'eau ; les ruelles étranglées, les bazars, le Sokko, les marchands de giberas, les corroyeurs, les savetiers et les cafés arabes. Sur une natte, des hommes assis à terre méditent interminablement, d'autres sont devant leur porte figés dans des poses extatiques : et les saletés que l'on vend ! Un musulman fait rôtir sur des brochettes un mets qui ressemble à deux vers pour pêcher à la ligne entre lesquels serait enfilé un œil de veau.

Mon hôtel? On croirait arriver dans un établissement de bains avec des marches en marbre et des escaliers en céramique. Des Marocains coiffés de leur fez nous servent à table. Nos lits ? Sommiers métalliques, matelas plats comme des galettes. Nous avons l'électricité. La cuisine est excellente. Le poisson et les œufs sont parfaits. Nous ne nous plaignons pas.

Hier, il a plu toute la journée ; aujourd'hui. le ciel est dégagé, nous avons un beau soleil bien chaud.

Nous sommes à cheval chaque jour de 8 à 10. Et les projets de voyage ne se précisent pas à raison du temps variable et des renseignements contradictoires qui nous sont donnés.

La côte ouest, dit-on, est mauvaise ; on risque d'être bloqué huit ou dix jours devant un port sans pouvoir débarquer, les routes sont peu praticables à raison des dernières pluies : il y a des chances d'être arrêté devant un oued grossi par ces pluies !

Bref, je regarde, je circule, je rends des visites.

J'ai vu le commandant Thoulat, la légation de France, le directeur de la Banque d'Etat au Maroc ; ce dernier me conseille fortement de revenir en avril, mai.

J'ai vu M. Z..., qui nous a reçus aujourd'hui et nous a accompagnés pour voir des terrains à vendre dans la baie. Ces terrains varient de 15 à 60 francs le mètre.

La construction du chemin de fer est escomptée : le matériel serait, paraît-il, à Marseille.

Il y a ici des approvisionnements considérables

en marchandises, les crédits ne doivent pas être
fameux. Des affaires de détail avec des employés
français pourraient être montées ici ; elles n'au-
raient pas de peine à être mieux tenues que le
comptoir le mieux tenu de Tanger. Les cinq ou
six magasins de Tanger vendant des articles con-
fectionnés sont à 25 mètres les uns des autres et
tous dans le même endroit.

Introduire nos articles avec le système des prix
fixes et de la vente au comptant serait une nou-
veauté, sans doute un succès.

Autre chose : la réclame est ici inconnue, en
faire un peu porterait énormément...

Bref, j'ai l'impression d'un pays où tout est à
créer et où tout va se créer.

Tanger est vraiment une ville française, le nombre de nos nationaux se chiffre par milliers, partout on parle français, partout des inscriptions
françaises, partout nos couleurs et nos uniformes.

———

Fonder quelque entreprise ici est assez embar-
rassant. D'abord le pays est nouveau pour moi ;
ensuite il y a tout à apprendre ; enfin il faudrait
un long séjour ; une affaire se rencontre plutôt
qu'elle ne se cherche : c'est comme le bonheur.
Ce pays est plein d'avenir et longtemps encore il
le sera.

Dans quel sens me diriger ?...

Je vais continuer à observer, mais il me semble que la condition de la réussite est d'être et de
rester sur place, d'attendre l'occasion et de la
saisir.

Tanger, le 16 décembre 1911.

M. P... m'assure que tous les crédits sont bons,
qu'on ne voit pas de mauvaises affaires ici.

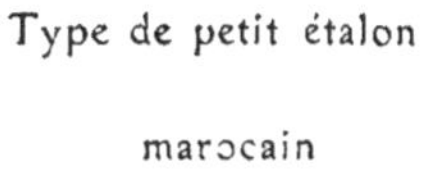

Type de petit étalon

marocain

Le même

tenu

en main

taille : 1 m. 52

Par contre, il y a beaucoup de spéculation, énormément de papier fictif, de « cavalerie », comme on dit en langage de banque.

Les indigènes et gens vendant pour la consommation indigène sont assez fortement pourvus, mais les fournisseurs des Européens manquent sans cesse de marchandises.

Le goût des modes européennes se développe. La population européenne, française surtout, les modes et le goût français font chaque mois des progrès ; au Consulat, chaque jour de nouveaux Français viennent s'inscrire.

J'ai rendu visite aujourd'hui à M. de B..., auprès duquel j'avais une lettre d'introduction. Il m'a donné divers conseils se résumant dans le mot : « voir... ». Tout est si nouveau ici, toutes les occupations se pénètrent tellement qu'il faut réellement faire de tout.

Causer dans la rue avec des Arbis, des cireurs ou des directeurs de banques, être à cheval, lire ses journaux, tout cela est du travail.

Ici, une organisation rudimentaire, la vie antique, la France comme elle pouvait être sous Louis XI ou sous les Gaulois, avec beaucoup de crasse en plus. Il faut pourvoir à tout. L'activité créatrice et l'initiative sont tenues en éveil. Les matières premières font défaut, la main-d'œuvre est bon marché mais de petit rendement. Les transports sont forcément longs et coûteux. Toutes les conditions économiques de la vieille Europe sont renversées, mais ce n'en est que plus intéressant, l'activité peut s'appliquer utilement et il me semble que j'aurais dû commencer beaucoup plus tôt ce genre d'existence...

Le Tabor Français.

De Tanger, le 18 décembre 1911.

Nous sommes allés dans les terres par un vrai soleil de juin. En route, rencontré la Nouba du Tabor qui jouait des airs militaires, et sur une espèce de flageolet nasillard, des airs de France : « La digue et digue et don », « Embrasse-moi, Ninette », etc... Ces airs joués par les soldats du Maghzen, avec accompagnement de cymbales et de tambours, étaient charmants au possible, d'autant que la gamme mineure de l'instrument les déformait avec pittoresque. Je suis rentré après une jolie promenade à travers des oueds bordés de bambous, parmi des chemins garnis de cactus, d'aloès et d'orangers chargés de fruits mûrs.

Je change d'hôtel. Je suis maintenant sur la hauteur ; le drapeau du Consulat flotte sur la terrasse voisine. Nous dominons la ville, la rade, la flotte, la mer, la côte, les montagnes, et au loin la côte d'Espagne. Je jouis de l'une des plus jolies vues qui existent.

On me conseille ici de faire des cultures dans la Chaouïa ou dans les Doukala : céréales, légumes potagers, luzernes.

Vers Casablanca.

De Tanger.

J'ai télégraphié à 2 heures pour annoncer mon départ pour Casablanca, sur le vapeur *Arménie* de la Compagnie Paquet de Marseille.

Nous nous sommes embarqués à 3 heures sur une barcasse à rameurs qui nous a conduits à bord par une assez grosse houle. Le vapeur roulait sur son ancre.

A 7 heures du soir, le débarquement du fret à destination de Tanger n'étant pas achevé, le capitaine décide de remettre la suite du déchargement à demain et le départ à jeudi 1 heure au lieu de mercredi 3 heures. Vingt-quatre heures de retard. Nous n'avons qu'à enregistrer, à dire merci, à laisser à bord nos gros bagages et à profiter d'une barque à quatre rameurs qui nous porte à quai avec nos valises.

Le bateau n'est pas grand, la cuisine flotte entre l'assez bien et le passable, les cabines sont bondées ; je ne me plains pas, j'ai une couchette.

La tenue du bateau est toute marseillaise : désordre, crachats partout, débraillé ; quelle différence avec les steamers anglais !

J'ai perdu du temps ce matin à charger mes malles, changer ma monnaie et faire établir un passavant pour mes marchandises ; ici il faut tantôt de l'argent français, tantôt de l'anglais, tantôt de l'espagnol, mais les douanes marocaines n'acceptent que la monnaie hassani ; cela fait l'affaire des maisons de change et provoque des pertes de temps doublement coûteuses. On parle de l'Ouest-Etat ! que dire de l'Ouest Marocain ?...

Casablanca. — Premières Impressions.

CASABLANCA, le 22 décembre 1911.

« Grand-Hôtel ».

Me voici installé à Casablanca. Cela demande une journée entière. J'ai changé trois fois de chambre. Mais n'anticipons pas :

L'*Arménie* est arrivé ce matin au mouillage

Une promenade

aux environs

de Tanger

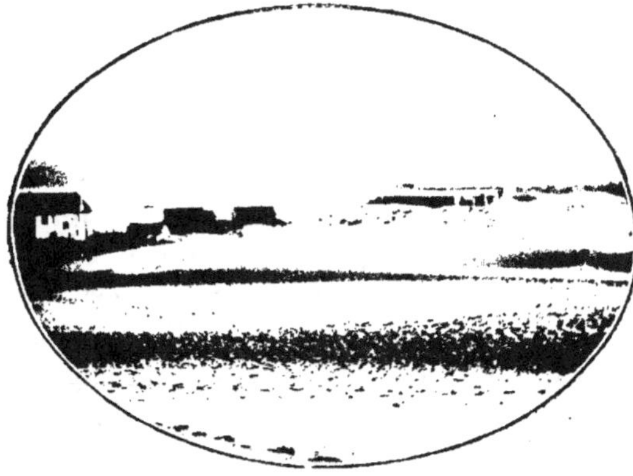

TANGER

La Plage

à l'est

de la ville

Au fond

la

Sardinerie

TANGER

Le Tabor

français

(bateau bondé et chargé de convoyeurs militaires, 360 passagers au lieu de 120 représentant
la quantité normale pour que le service soit con-
venable à bord) devant Dar-el-Baïda (autrement
dit, devant Casablanca) à 8 heures. Nous avons
dû attendre les barcasses qui n'arrivaient pas à
cause du brouillard, et je n'ai pu débarquer avant
1 heure. J'ai donc déjeuné à bord.

De l'*Arménie* à terre, vingt-cinq minutes de
navigation à rames par forte mer. Pour moi, j'ai
l'habitude et la pratique de la périssoire et cela
ne m'a pas gêné.

Mes malles sont arrivées plus ou moins mouil-
lées extérieurement ; le débarquement est primitif : des centaines d'Arbis pieds nus s'appliquent
les malles sur la nuque et la théorie gravite vers
la douane. Là, arrêt : la douane est fermée jusqu'à 2 heures. Inspection des colis, tribulations
diverses, on veut retenir mon revolver malgré mon
permis de la légation ; mais finalement, j'ai gain
de cause. J'exhibe mon passavant, un bourri
emporte mes deux caisses. J'arrive dans une chambre sans meubles, sauf lit et toilette, avec belle vue
sur l'abattoir : un admirable ruisseau de sang
vermeil, trois veaux qui s'égouttent, deux vaches
décapitées qu'on dépèce, trois boucs dont c'est
le tour. Le boucher aiguise ses couteaux, je ferme
la fenêtre et quand je reviens le soir, un baril est
plein d'entrailles, la viande est enlevée et des
chiens viennent laper le sang frais.

Je vais au télégraphe : il n'ouvre qu'à 2 h. 1/2,
c'est charmant ! Bref à 4 heures, vingt personnes
attendent le courrier ; je trouve votre dépêche, je
vais télégraphier à la T.S.F., c'est 0 fr. 70 le mot.
Je vais aux informations, au Consulat, à la Banque d'Etat du Maroc ; je retrouve à la terrasse
et dans les rues les camarades de voyage venus

pour étudier les moyens de faire fortune. On cause culture et Chaouïa.

La salle des repas du Grand-Hôtel, vaste pièce carrelée et blanchie à la chaux, contient des séries de tables à 2 et à 4 ; beaucoup d'habits rouges : ce sont les officiers de spahis sénégalais accompagnés de leurs femmes, ils sont basanés comme des diables. On entend des bruits de la rue, et surtout les grognements continus des chameaux.

Ici tout est à faire la fièvre des achats s'est emparée des premiers occupants et des terrains qui, il y a cinq mois, valaient de 40 à 70 francs valent aujourd'hui de 70 à 200 francs. La couche végétale a 12 mètres d'épaisseur. Un sac de blé semé rend vingt sacs à la récolte.

Des locations: on prétend qu'il n'y a plus rien à louer, que tout est acheté ; une maison se loue 20 °/₀ de sa valeur et le prix en est couvert en cinq ans ; quelle différence avec les locations en France !

Un cheval se vend de 180 à 250 francs.

Il y a ici une quantité formidable de troupes.

Quant aux communications, autant n'en pas parler ; le service est assuré par mer, quand on peut, en cette saison ; on cite des passagers restés dix-sept jours en rade ! Au large j'ai vu un bateau de La Rochelle, le *Gard*, en déchargement depuis le 13 novembre, soit quarante et un jours !

Quel pays primitif, mais quel entraînement ! C'est ici qu'il ne faut compter que sur soi, veiller sur soi et savoir se dépêtrer. Combien tout cela est intéressant !

Quelqu'un me dit qu'une personne, à condition de connaître bien son métier, est sûre de réussir dans n'importe quelle branche.

Ici, je suis allé voir un ami de M. G..., M. B..., puis les consuls, l'interprète, le directeur de la

Banque ; j'ai des renseignements intéressants. Les terres sont encore au-dessous de leur valeur ; quand ce pays-ci — dans un espace de temps plus ou moins éloigné — pourra prendre son essor économique, avec les chemins de fer et les ports, les terres vaudront dix fois plus, mais il faut créer les moyens de transport nécessaires ! La terre a beau être fertile, les produits ne peuvent être transportés qu'à dos de chameau, et cela augmente de façon importante le prix de revient.

Je vais, pendant quatre jours, faire une excursion dans les terres, visiter le voisinage immédiat de la Chaouïa, voir les terrains de culture et d'élevage.

Les achats sont difficiles à faire, car on se plaît à dire que rien n'est à vendre et qu'il faut s'en remettre au hasard ou à l'occasion.

Ce pays est très ancien et très peuplé, toute terre a son seigneur ; de plus, la propriété est très fractionnée.

Un Camp dans la Chaouïa.

J'ai appris que mon ami S..., lieutenant au 4e tirailleurs algériens, se trouvait ici à l'Oued Bou Skoura, à 19 kilomètres au sud de Casablanca, et j'ai formé le projet d'aller passer avec lui la journée de Noël.

Ces fêtes sont interminables : vendredi, fête des Musulmans, samedi, des Israélites, dimanche, des chrétiens, lundi, jour de Noël.

Me voici à cheval le long de la piste sur laquelle j'ai l'agréable surprise de trouver une voie Decauville qui relie le port au camp. Au bout d'une heure et demie, j'arrive sur un plateau, et j'aperçois à ma droite les tentes rangées avec symétrie,

TANGER. — Convoi d'ânes en route pour la ville.

CASABLANCA. — Une vue du port

et différents baraquements qui peuvent être des magasins ou des bâtiments de gare.

Je m'informe de mon camarade : « Il est, me dit-on, à la popote », et on me désigne une cahute en torchis, prenant jour par une porte et recouverte en jonc. Justement, la porte est ouverte, et je l'aperçois attablé avec un autre lieutenant de sa compagnie, achevant un modeste déjeûner.

— Bonjour Édouard !

Édouard me dévisage pendant quatre ou cinq secondes ; nous ne nous étions pas vus depuis trois ans et, certes, il ne m'attendait pas. Il n'en revient pas de sa surprise, il se lève et vient vers moi les mains tendues.

La jambe par-dessus l'encolure, je suis à terre, et je laisse à penser le plaisir avec lequel se retrouvent dans un lieu perdu deux camarades de trente ans.

Et ce sont des questions interminables : « Te rappelles-tu les boutiques du petit lycée Condorcet, rue de Rome ? Et un tel ? — Je l'ai vu le mois dernier. — Et moi-même, je l'ai rencontré en Tunisie il y a deux ans. »

J'ai débouclé mes sacoches et je sors le repas que j'ai apporté. Le lieutenant Édouard tient à me faire honneur et il m'offre une excellente omelette, de la viande et du vin fourni par les magasins militaires.

Ils sont au camp depuis des mois. Chaque semaine ils s'attendent à repartir pour le bled et ils ne partent jamais. Ils ont cultivé la vaste plaine, créé des jardins avec des eaux vives sur lesquelles il y a des canards. Des loustics du camp ont planté des inscriptions qui font croire aux soldats que leur parc est à Vincennes ou au Bois de Boulogne.

Les chevaux sont à l'entrave, les officiers ont des tentes aussi simples que les soldats.

Édouard me dit que depuis cinq ans il n'avait jamais dormi qu'en plein air. Ne vous figurez point qu'il soit un sauvage : il reçoit régulièrement *Le Temps* et se tient au courant de tous les événements politiques et littéraires.

Les tirailleurs, pendant leur désœuvrement de cette journée de Noël, sont ravis d'avoir un visiteur, et Édouard pour qui toutes les journées sont pareilles, ne pensait même pas au réveillon et au sapin d'Alsace, de son enfance.

Je tire quelques photographies des tirailleurs amusés.

Hors du camp, un certain nombre de tentes. L'une d'elles m'intéresse plus particulièrement.

— Ce sont des femmes, me dit Édouard, l'Administration militaire a tout prévu. Ce sont de bonnes filles sans malice qui se contentent de peu et qui portent sur leur visage de grands tatouages indigo. Elles sont menées militairement et toutes les six, conduites deux par deux à la visite, précédées d'un sergent, le jeudi.

Les tirailleurs qui parlent arabe ont su s'attirer les bonnes grâces des indigènes, et moyennant de beaux propos et quelques présents, ils ont décidé des musulmans à les laisser s'introduire chez eux et entrer en *conversation suivie* avec les femmes.

Les amazones du camp protestèrent à l'inspection du général et tinrent un langage dont la justesse aurait séduit Ronchonnot : « Général, lui dirent-elles, les « femmes du gouvernement » sont délaissées pour les « femmes civiles ».

J'ai pris une photographie de quelques-unes

de ces mouquaires ayant au bras leur amoureux du jour ou leur amant attitré.

Dans un autre coin du camp, un groupe de tirailleurs était assis. Cet endroit que signalent simplement quelques touffes de palmiers nains était appelé « le Casino » et les soldats étaient en train de jouer au baccara, qui assis, qui sur le ventre ; il paraît qu'il se fait d'assez grosses parties entre tous ces grands enfants.

Les santés sont excellentes, le plateau est aéré et ensoleillé.

Édouard attend avec impatience le moment où le 4ᵉ tirailleurs sera appelé à une autre mission ; ils espèrent qu'ils se battront bientôt (depuis que ces lignes ont été écrites, j'ai reçu des nouvelles du lieutenant Édouard. Sa compagnie a vu le feu, son cheval a été tué et quelques malheureux tirailleurs sont restés dans le bled.)

A nous promener ainsi, à évoquer de vieux souvenirs, la journée s'est passée bien vite. Le soleil s'abaisse sur l'horizon et la nuit est prochaine. L'ordonnance selle mon cheval, je donne à Édouard une poignée de main, je lui promets de porter de ses bonnes nouvelles aux siens à Neuilly, et je reprends au grand trot le chemin de Casablanca.

Dans le Bled.

Camp Boulhaut, 50 kilomètres est de Casablanca,
26 décembre 1911.

Nous sommes arrivés ici, après 50 kilomètres sur mules, ce soir à 6 h. 30, en pleine nuit ! Nous, c'est-à-dire mon guide Dris ben Rhaïd, un superbe Marocain fils de kaïd, et moi, nous avons ensem-

CASABLANCA

Autre vue du port

CASABLANCA

Sur le port

La foule attend

l'arrivée

du paquebot

CASABLANCA

Arabes donnant

une représentation

en plein air

ble parcouru un grand morceau de la Chaouïa.
Vu les terres « thirs » noires et grasses, excessivement riches; les « hameri », terres rougeâtres et
fertiles et le « sael » plus sablonneux. Terres de
culture et d'élevage couvertes de plantations
d'orge ou de palmiers nains qui poussent comme
le chiendent. Que ce pays est admirable ! Figu-
rez-vous une série de hauts plateaux coupés par
des oueds que l'on franchit à pic ; un coucher de
soleil féerique par un vent froid, un ciel d'un
bleu de juin, un croissant de lune resplendissant
d'argent, des étoiles et la voie lactée... et un froid
sec... et un air... Aussi nous avons fait honneur
au dîner...

Arrivé ici, je trouve une installation sommaire :
une baraque en terre battue, toiture de tôle ondu-
lée, quinquets au pétrole, chambres primitives à
volets sans fenêtres. A côté, le camp, les habitués
du café, tous militaires, quelques civils à la phy-
sionomie de trappeurs de l'Arkansas.

Et je vais me coucher. Demain 45 kilomètres,
cultures à visiter, etc...

On me propose d'acquérir 300 hectares à 50 fr.
Ces hectares d'ici deux ou trois ans vaudraient le
double. La terre rapporterait en élevage 12.000 fr.,
si j'exploitais moi-même, la moitié si j'avais un
métayer. La dépense serait de 30.000 francs, tout
compris (construction, bétail, matériel et fonds).
Le terrain est à 60 kilomètres sud-est de Casablanca, près du Camp Boulhaut. Très beau pays,
voisin d'un poste militaire, d'une forêt et d'un
futur chemin de fer Decauville joignant la côte.

Les terres en Chaouïa.

Entre Casablanca et Tanger

A bord *de l' « Oued-Sebou »,*

30 décembre 1911.

Le bateau qui me porte, porte ma lettre rapide écrite sur trois cartes postales, et qui t'exposait en gros l'affaire de 300 hectares de Sidi-Aïda.

Ce matin, donc, j'étais bien décidé à me mettre en route pour le bled. Au bureau militaire des renseignements, il me fut dit : « Des terres à 40 fr. l'hectare, il faut sauter dessus. » J'ai demandé à l'officier des renseignements sur l'homme qui m'a proposé l'affaire, un certain M. C... qui a une assez jolie propriété tout auprès de celle qu'il m'a indiquée, dans laquelle il fait de l'élevage et où il habite avec sa femme et ses enfants. L'homme m'a paru intelligent, entendu, roublard dans le bon sens ; les renseignements des officiers furent bons.

J'étais donc décidé à partir pour le bled et à aller voir le terrain, mettant en balance les avantages et les inconvénients.

Je me rappelai alors que M. G... m'avait parlé d'un ingénieur de ses amis ayant une minoterie à Casablanca, habitant et connaissant depuis longtemps le pays, et voyant les choses avec une tendance plutôt pessimiste, je suis allé prendre son avis.

Je lui expliquai l'affaire. Cette personne me dit : « Je ne connais pas bien l'endroit, ces terres ne doivent pas être bien fameuses d'après le prix ; du sacl ne saurait faire une bonne terre de culture, il vaudrait mieux, même cher, avoir du thirs.

« Je ne connais pas M. C..., il peut exploiter et

tirer bon parti de son argent en étant sur place
et élevant du bétail, je sais que j'ai vendu le mien
et je ne vous vois pas élevant sur place des bes-
tiaux : si vous confiez cette affaire à un métayer,
vous risquez des déboires, surtout habitant la
France, et je vous vois plutôt achetant des terres
de culture dont la valeur montera et que vous
sous-louerez à des Arabes moyennant un prix de... »

Alors, je dis à mon interlocuteur : « Pareille
affaire vous serait proposée, iriez-vous la voir?...»
— « Non, même en étant sur place et ayant déjà
des intérêts ici. » Ma religion était éclairée. En
résumé, voici où j'en suis : J'ai visité un peu le
bled et j'ai chargé deux personnes de s'occuper de
la réalisation de mes projets : le premier M. Z...,
le deuxième M. T..., agent de propriétés qui m'a
été indiqué par le Consulat. Je commence à m'orien-
ter et à connaître un peu certaines parties du
Maroc ; et s'il m'est parlé de quelque acquisition
dans le voisinage de Tanger ou près de Casablanca,
grâce à mes relations, je pourrai déjà avec des
renseignements sincères, me faire une opinion
personnelle.

C'est très joli, de loin, *une propriété au Maroc*,
mais je me rends compte que cela peut avoir des
inconvénients. S'il était possible de s'installer ici,
je ne raisonnerais pas ainsi.

« Forcément, m'a dit M. Z... (et tout le monde
le dit et cela se conçoit), les gens de passage ne
peuvent pas trouver ; il faut être sur place, suivre
la marche des affaires ; de loin vous serez fatalement la victime de courtiers plus ou moins dignes
de confiance.

Ces considérations m'amènent aux conclusions
suivantes :

Si j'ai au Maroc une petite affaire de 9.000 à
25.000 francs, il la faut bonne et susceptible d'être

Camp de l'Oued Bou Skoura
Le lieutenant S... et son camarade indigène

Un tirailleur tunisien
et sa compagne

Les amazones du camp
et leurs galants

sous-louée sans risque, le fonds prenant de la
valeur par notre protectorat, doublant, quadru-
plant, etc., avec l'établissement des voies de communications.

Songez qu'au Maroc il n'y a pas de routes, pas
de chemins de fer, les transports se font par femmes, par Arabes, par ânes, mules, mulets, chevaux et chameaux ; vous voyez d'ici de combien
est majoré le coût d'une récolte et combien il faut
de temps pour conduire les marchandises au
port. Là, elles sont chargées sur des barcasses ;
il n'y a pas de ports comme en France, avec jetées,
warfs, etc..., et encore il faut que la mer permette
l'embarquement ou le débarquement ; parfois la
mer brise les barcasses et rend tout chargement
ou déchargement impossible. Ainsi, à Rabat, il
n'y a pas d'embarquement ou de débarquement
en hiver, la mer y est trop mauvaise. Des bateaux
restent quinze ou vingt jours devant un port ; les
denrées sont souvent perdues (primeurs, fruits,
épicerie) quand elles ne sont pas gâtées par les
transbordements et les paquets de mer.

Si je fais une bonne affaire petite (30.000 fr.
par exemple) et qu'elle me rapporte 20 %, elle
se réduit à 10 si je partage avec le métayer ; 10 %
c'est 3.000 francs par an. C'est un rendement
intéressant, mais qu'est-ce que 3.000 francs ?
Est-ce la peine de gagner 3.000 francs ?... Et pour
quelle part entrent les risques ?

Si, au contraire, je trouvais une combinaison
me permettant d'être de quatre à neuf mois par
an au Maroc, alors je pourrais débuter par une
petite entreprise qui croîtrait avec le temps.

Le Maroc est un pays merveilleux, du plus grand
avenir, où il y a une nombreuse population. Mais
rien n'existe : ni routes, ni égouts, ni hygiène, ni
propreté ; les gens sont des fanatiques et des igno-

rants, ils vivent sous la tente, ils sont nus et couverts de chiffons repoussants de saleté, ils vont pieds nus, ils mangent misérablement, travaillent à peine. C'est un pays à faire complètement, mais quand il sera fait, que ces gens se mettront à l'européenne, mangeront, s'habilleront, quelle poussée fantastique : le courant portera toutes les barques.

Je me suis laissé dire que les terres Thirs sont supérieures aux terres normandes qui dépassent 1.000 francs l'hectare.

Or les Thirs suivant les régions se vendent aujourd'hui de 20 à 200 francs. Pourquoi ?

Parce que malgré leur fertilité, les débouchés ne sont pas assez nombreux, les moyens de transports sont insuffisants, lents, coûteux.

Lorsque les chemins de fer sillonneront le Maroc, que les ports permettront chargement rapide, le prix des terres se rapprochera de leur valeur intrinsèque. On voit d'ici les profits que réaliseront les propriétaires.

Mais il n'y a rien à espérer, si l'on se contente d'opérer de loin et si l'on ne se fixe pas de façon presque permanente au Maroc.

Je n'aurai pas pénétré à l'intérieur des terres (que sont 60 kilomètres ? le pays en a 600 de profondeur !). Je n'aurai vu ni Rabat ni ses rivières vives, ni Larache, ni les ports du Sud, mais je conçois l'utilité de compléter mes études par un voyage plus long.

L'élevage des cochons est une grosse et bonne entreprise, les frais d'élevage sont petits, les gardiens coûtent toujours le même prix ; mais, par suite de l'accroissement de la population, la viande hausse. J'ai entendu dire que les cochons qui se

vendaient 15 francs jadis valent aujourd'hui 65 fr.
soit 0,85 cts. le poids de viande vivante.

D'ailleurs, le proverbe : « Riche comme un mar-
chand de cochons » est aussi connu que l'origine
des fortunes de Chicago.

Toutes ces entreprises d'élevage en grand néces-
sitent une spécialisation et la présence sur place.

Mœurs marocaines.

J'ai parlé de la rudesse, de la barbarie des
mœurs ; je tiens à compléter par quelques exem-
ples vus :

Dans les rues circulent des gens ayant eu un ou
deux yeux crevés. J'ai vu une femme malade, une
Arabe fort jolie et dans quel état de saleté ! se
mourant sur sa natte, douleurs internes ; elle ne
verra pas le toubib, la loi musulmane l'interdit.
J'ai vu les abattoirs en pleine rue, exposés à tous
les yeux ; des ruisseaux d'un sang gras et d'un
rouge vermillon éblouissant de beauté coulent au
soleil, les hommes marchent là-dedans pieds nus
et portent sur la terre leur empreinte rouge, des
chiens viennent sentir et manger les débris de
chair ; on s'habitue à cet horrible spectacle.

Les animaux ne sont ni nettoyés, ni nourris suf-
fisamment, ni pansés ; ils sont couverts de plaies,
ils vivent et vont tout de même. Les hommes sont
aussi durs pour eux-mêmes que pour les animaux :
j'ai mis de la teinture d'iode sur une plaie suppu-
rante résultant d'une ruade, l'Arbi n'a pas bron-
ché, il n'a même pas dit merci, d'ailleurs.

J'ai vu des chameaux dont la bouche était pleine
de mousse comme s'ils avaient mangé du savon.
Dris Rhaid, mon guide, m'a expliqué que c'étaient
les sangsues bues avec l'eau qui mettaient les chameaux dans cet état.

Vue générale
du camp
de l'Oued
Bou Skoura

Les chevaux
à l'entrave

Les tirailleurs
tunisiens
jouant au baccara

Un âne est chargé plus qu'un âne, peut-on dire,
plus qu'il semble en pouvoir supporter. Les mules
font leurs 50 à 90 kilomètres par jour sous un faix
de 100 à 175 kilogrammes. Mules et chevaux sont
bridés avec un mors à palette absolument barbare,
avec lequel ils ne peuvent ni boire, ni fermer la
bouche que ce mors met en sang et les Arbis
leur flanquent par surcroît des à-coups.

Ces malheureux animaux sont conduits avec un
clou ou avec la pointe d'un couteau.

Les Arabes sont atteints de la maladie de Brieux
qui règne à l'état endémique ; ils boivent des eaux
souillées, se nourrissent mal et répandent une
odeur de ranse et de persil.

Ils vivent misérablement d'aumônes, d'ordures,
de paresse ; c'est un cercle vicieux dont le temps
seul les dégagera, le temps avec l'occupation française : surtout que l'Espagne ne s'en mêle pas, car
pour les indigènes l'Espagne représente le fana-
tisme, l'orgueil, la paresse. Quand nous aurons fait
des routes, des égouts, de l'hygiène, capté les
sources, supprimé les détritus, établi des visites
sanitaires, encouragé le travail en le tâchant et
en le payant, le pays sera transfiguré ; il conti-
nuera seul ensuite son évolution sous notre égide
et par la seule force acquise.

Réception par un Kaïd.

Pour terminer cette lettre, il me faut conter
mes trois journées dans le bled. La lettre écrite
de Camp Boulhaut se terminait quand je suis allé
voir le capitaine F..., le frère d'un de mes camarades.

Je devais le lendemain voir le capitaine et les officiers du bureau des renseignements du camp ; ces messieurs m'encouragèrent à m'établir de leur côté, parlant de routes et de chemins de fer projetés.

Puis comme Dris, mon guide, était allé voir le kaïd, je pris un fusil et des cartouches et partis dans une forêt de chênes-lièges, mais malheureusement je ne vis ni les perdrix ni les lièvres annoncés à foison. L'après-midi, Dris arriva :

« J'ai parlé de toi au kaïd, il désire beaucoup faire ta connaissance, il est au Sokko. »

Le marché était ouvert en pleine campagne, et pourtant des Arabes y pullulaient avec les puces, tous venus on ne sait d'où avec leur camelote et leur bétail. A côté du Sokko et de cette agglomération sordide mais vraiment colorée, il y avait une tente de luxe, une tente octogonale longue, extérieurement blanche, relevée par un liteau noir et blanc, intérieurement rouge ; une cour était tout autour, piquets de chevaux et de mules, scribes, payeurs. A terre, un tapis de Perse sur lequel le kaïd était assis. C'est un bel homme à l'œil fin, à la barbe blanche, il est habillé somptueusement et tout de blanc, un foulard blanc lui cache le bas de la figure. Je me découvre, il m'accueille et d'un geste m'invite à m'asseoir à sa droite.

J'assiste à un défilé de plaideurs, de mendiants ; le kaïd écoute, juge, écrit ses arrêts avec une plume en roseau, remet un jugement, reçoit des douros. Il parle bas. Ceux qui entrent et sortent s'inclinent, baisent sa tête ou son genou ou touchent sa tête de la main en la portant ensuite à leurs lèvres. C'est un seigneur du moyen âge tenant son lit de justice...

Sur un signe, la tente est abattue, les montures amenées et, accompagné d'un ou deux fidèles, le kaïd sur sa mule se dirige au pas vers son manoir blanc perché sur une crête, là-bas dans le bled. Je suis l'hôte du kaïd qui s'intéresse à moi.

J'entre. Les chiens hurlent, les chevaux sont attachés en plein air, ma monture est déchargée, mes affaires sont portées dans une salle nue couverte d'un tapis. Je me trouve là avec trois acolytes qui peuvent être : le trésorier, le secrétaire, un parent ; une collation est servie : c'est du beurre, du pain au kumin, du thé ; le pain est rompu à la main et chacun le trempe dans le tas de beurre commun : les verres sont nettoyés en soufflant dedans. Arrivent deux esclaves nègres qui mangent nos restes et apportent du poisson à l'huile rance avec des carottes froides, cela se mange avec les doigts, chacun touillant devant lui ; les restes passent aux esclaves nègres qui apportent ensuite une seule serviette pour tout le monde et une aiguière. Chacun se lave les mains, se nettoie la bouche avec les mains, rote et fume.

Mon guide avait disparu avec le kaïd...

Heureusement, on m'envoie un fusil Hammerless et des cartouches, me voilà parti avec l'un des trois acolytes dans le domaine. Je tire une chouette et une alouette quand arrivent au galop 4 ou 5 Français qui sont, comme moi, les hôtes du seigneur. J'assiste à un merveilleux coucher de soleil sur les bords d'un étang et vers les rochers, à la nuit tombante, je gravite jusqu'au manoir.

Le kaïd a quitté son air austère et, souriant, il nous invite à prendre place dans la chambre, vaste pièce élevée et large. Il est à terre, assis sur un tapis d'Orient, deux cierges dans des candélabres de bronze nous éclairent. Sur un grand plat de natte, une négresse apporte le couscous au bœuf

Camp de l'Oued Bou Skoura. La popote du lieutenant S...

Dans la Chaïoua. Deux femmes indigènes

Campement d'Arabes misérables dans la Chaouïa

et aux pommes de terre ; les Arabes se servent à
même le seul plat, pétrissent l'orge, en font une
boule et mangent. Dieu ! quel goût ! de l'huile
rance ayant une saveur d'acajou. Mais je suis
fumeur ! Un fumeur fait ce qu'il veut de sa bouche, je mange et je me régale et Dris qui est en
face de moi, pour m'honorer, déchiquette la viande
avec ses doigts et en place devant moi les menus
morceaux...

Après ce plat, on se lave les mains avec le
même cérémonial qu'à 5 heures.

Le kaïd s'exprime à voix basse et avec finesse,
en parlant à ses familiers. La négresse apporte le
thé sur un plat d'argent, des tasses et un immense
samovar de cuivre tout fumant. Le kaïd fait le thé
lui-même : il prend un verre de thé à la menthe
en feuilles, le verse dans la théière qu'il commence par ébouillanter, fait passer un verre d'eau
bouillante sur le thé, le vide, remplit d'eau bouillante et sucre à même la théière avec des morceaux non concassés. Son thé est servi dans des
verres, il est délicieux. Trois verres de thé sont
offerts avec le même cérémonial, puis nous sommes autorisés à lever la séance.

Une énorme lanterne de verres bariolés est
apportée, le kaïd se lève, traverse le patio, les
mules et les chevaux sont là et attendent les
cavaliers. De grands salamalecs sont échangés
et le kaïd, à qui on a raconté que je suis officier,
avec un sourire me fait le salut militaire, et son
salut ne manque pas de dignité...

Terres en Chaouïa.

De là, par un clair de lune admirable et dans
l'humidité de la nuit, nous faisons à travers la
plaine les 5 ou 6 kilomètres qui nous séparent du

camp Boulhaut... Je regagne ma chambre, si l'on peut appeler ainsi une pièce couverte en zinc, à volets pleins sans fenêtres ; ces plafonds en zinc sont très pittoresques ; je suppose qu'en été on doit fondre. Au petit matin, comme ils sont conducteurs, ils se refroidissent, condensent les buées et c'est sur le dormeur une exquise petite pluie, c'est la rosée...

Ma mule est chargée ; je pars voir la propriété de B... (Aïn Zammit), et un domaine qui m'est indiqué à Sidi Barka. J'y arrive. Michel, le fermier et propriétaire, est absent, sa femme et sa tante nous reçoivent, nous font l'omelette et le café, les hommes arriveront plus tard et nous conduiront à 9 kilomètres de là voir Aïn Halalifa : 100 hectares, 7.500 fr.

C'est admirable, excessivement pittoresque, mais ce n'est pas malheureusement la propriété que je rêve. Un plateau de terre hameri ou sahel s'abaissant vers des rochers de 50 mètres de haut (plus hauts que l'Arc de Triomphe), une source pittoresque, des figuiers, des arbres de mimosas, des jardins potagers bordés par un oued ; le tout exposé au couchant ; et au delà, cette vue me rappelle celle de Bouquéron en Dauphiné, avec plus de lumière et une intensité plus vive de couleurs !

Mais que faire de cette propriété à 60 kilomètres de Casablanca ? Pas de communications, le sol est couvert de palmiers nains qu'il faudrait arracher.

Nous galopons les 9 kilomètres qui nous séparent de Sidi Barka (car Michel, l'oncle, Dris, moi, sommes tous montés) et nous arrivons à la ferme avec la nuit ; repartir pour Casablanca serait impossible, on nous fait un dîner excellent et des lits de fortune et nous couchons là.

On est très heureux de nous recevoir, on nous
régale du phonographe et le lendemain matin,
vendredi, nous enfourchons nos mules. En route
pour Casablanca. Nous rencontrons des gendar-
mes en partie de chasse rapportant un marcassin.
J'offre un apéritif au Mariani que Dris porte dans
son paquetage, et à travers une route excessivement pittoresque, bordée de cactus et d'aloès,
baignée de soleil, nous arrivons vers 3 heures à
Casablanca.

Le temps est très agréable dans la Chaouïa, les
nuits sont froides, il gèle même, il y a parfois du
brouillard, mais les journées sont belles : à
8 h. 1 2 il fait chaud jusqu'à 4 heures du soir :
dans la pleine journée le soleil est très ardent,
mais il y a beaucoup d'air.

Les champs et les prairies sont couverts de
fleurs jaunes et violettes et d'iris, répandant un
parfum excessivement doux et aromatisé, les
herbages abondent, mais il y a très peu de bois.

Renseignements divers sur Casablanca.

A Casablanca, la consommation désire pour les
vêtements des articles fort bon marché, les beaux
articles de France sont trop chers, les officiers
ne veulent que des choses très communes qu'ils
jettent dans le bled, et d'ailleurs point de toilette
ici, la tenue de la ville engage peu à s'habiller
et, d'autre part, c'est la foire à l'argent, la course
aux terrains, la spéculation ; cela changera bientôt, mais actuellement nous ne sommes pas éloi-
gnés de l'époque héroïque du Maroc, nous sommes
encore des prospecteurs et des précurseurs.

Hôtels médiocres et regorgeant de monde, vie
plus chère qu'à Paris. Ainsi, le voyage Casa-

Camp Boulhaut Sokko

Les chevaux à l'entrave

Camp

Boulhaut

Le Sokko

Le Marché

Il se fait un grand commerce de sucre en pains.

blanca-Tanger coûte 50 fr. en première Compagnie Paquet, seulement il y a 10 francs plus 5 francs de barcasses dans les deux ports, plus les ânes, les pourboires des portefaix, etc...

Ça ne fait rien : allons au Maroc !

N'attendons pas que la pièce soit commencée et ne nous impatientons pas si le rideau est encore baissé.

Un excellent vapeur de la Compagnie Paquet, l'*Oued Sebou*, nous ramène à Tanger.

Les spéculations à Tanger. — L'Espagne et la France.

De Tanger.

On reçoit ici de curieuses propositions. Un monsieur avec lequel j'étais en rapport m'a dit que sa situation et son expérience lui permettaient de faire des achats de terrains et que, moyennant l'ouverture d'un compte de 200.000 francs et une commission de 20 à 30 °/₀ sur les bénéfices réalisés, il se chargeait de faire fructifier des capitaux qui lui seraient remis, mais qu'il entendait être seul juge de l'opportunité des opérations qu'il ferait, sans avoir à fournir aucune explication et sans subir aucun contrôle. La dite personne jouit d'une situation très en vue.

« A Tanger, m'a-t-elle dit, il n'y a pas encore de mauvaises affaires et les terrains ne feront que monter, c'est sûr », et en fait, pendant que j'écris, je contemple le plus beau port du Maroc, toujours accessible, à la porte de l'Europe, à cheval sur l'Atlantique et la Méditerranée, point terminus des chemins de fer futurs et route de la capitale et de l'intérieur du Maroc et de l'Afrique.

Camp Boulhaut

Forgerons

au Sokko

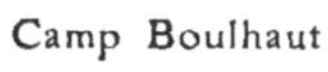

Camp Boulhaut

Un cheval

de

Kaïd

J'ai retrouvé mes camarades, ils nourrissent le même enthousiasme pour ce pays où tout est à faire ; l'impression est que l'Espagne sera fatalement rejetée du Maroc.

Je crois que l'on peut affirmer, et ceci confirme mes impressions d'hier, que le Maroc sera français ou ne sera pas.

Les Espagnols ne sont même pas capables d'exploiter leur admirable pays, ils sont en train de recevoir des raclées des montagnards riffins, les troupes espagnoles ne sont pas payées, les soldats vendent leurs fusils, leurs uniformes, leurs chaussures, pour manger ; les femmes d'officiers font le marché avec des cartouches qu'elles échangent contre des légumes ; les officiers généraux vendent alors par caisses les cartouches pour battre monnaie.

Je tiens tous ces renseignements de Français notables : ces faits me sont confirmés de divers côtés et sont connus ici.

L'Espagne perdra le Maroc comme elle a perdu ses colonies d'Amérique et l'entêtement avec lequel la campagne inutile, impossible, est continuée, a pour but de faire échec à la poussée démocratique. L'Espagne au Maroc, c'est une vermine auprès d'une autre.

Parmi les Ministres qui, au cours des dernières négociations, ont agi « au nom de la France », je suis sûr qu'il n'en est pas un qui ait passé quinze jours au Maroc : cela est fâcheux, car ils verraient ce qu'est l'action espagnole. Nous devons nous implanter à Tanger et y tenir la première place.

Animaux de bàt

arrivant au marché

Le Sokko

Camp Boulhaut

L'œuvre française au Maroc est admirable ;
c'est l'ordre, la propreté, la civilisation qui pénètrent avec nos soldats, et avec les routes, les voies
ferrées, c'est l'hygiène ; nous sommes les fidèles
disciples des Bugeaud et notre conquête : *ense et
aratro*, nous fait sur cette terre historique les
glorieux continuateurs des centurions romains.
Les mahométans nous apprécient, ils connaissent
notre force, notre esprit de justice, ils savent que
le colon français apporte de l'or et fera travailler
les indigènes.

J'ai voyagé dans la Chaouïa, je me suis rendu
compte de la parfaite inutilité de mon revolver,
sauf pour tuer des oiseaux ; les seuls dangers
sont les Européens, les apaches qui ont passé le
détroit, et non les indigènes.

Affaires immobilières à Tanger. — Les hausses.

TANGER, 1ᵉʳ janvier 1912.

Dans une précédente lettre, je traitais la question culture et élevage. Je viens de consacrer
une semaine à l'étude de la situation immobi-
lière de Tanger ; je me suis renseigné auprès
des établissements financiers. J'ai vu également
D..., les sociétés immobilières, les agents et courtiers ; j'ai vu les plans, les terrains, les prix ; j'ai
contrôlé les renseignements les uns par les
autres ; j'ai vu des spéculateurs, visité les terrains.

Bref, je suis arrivé à asseoir mon opinion sur
la place de Tanger, et voici ce que je pense :

Tanger est dans une situation incomparable,
climat privilégié, port encore imparfait, mais port

En route pour la Chaïoua

Chargement pour quinze jours de route :

SACOCHE DROITE. — Tabac. Rouleaux photographiques.
    Argent. Eau (1).
SACOCHE GAUCHE. — Repas froid.
BISSAC A DROITE. — Chaussures. Linge. Pharmacie.
    Encaustique. Produits d'astiquage. Cartou-
    ches.
BISSAC A GAUCHE. — Objets de toilette. Linge de corps.
    Ciseaux, rasoirs. Gilet de peau..
SUR LE VOYAGEUR. — Appareil à photo. Revolver. Pipe,
    tabac, allumettes.
SUR LE TROUSSEQUIN. — Manteau de drap.

1. Dans tous les postes de la Chaouïa on trouve des eaux
minérales françaises.

naturel, baie admirable, montagnes, coteaux, ver-
dures, couleurs, etc... Tanger sur le détroit, à
cheval sur l'Atlantique et la Méditerranée, est la
clé du Maroc et du continent africain. L'impor-
tation et l'exportation se feront en grande partie
par ce port. Les voyageurs arriveront presque
toujours par Tanger qui est à trois heures de
l'Europe, à cinquante-huit heures de Paris.

Tanger deviendra un séjour d'Européens, un
Nice, un Monte-Carlo, un Caire.

La ville s'accroît : bâtie en demi-cercle à l'Ouest
de l'immense baie, elle gagne vers le Sud ; la
hausse des terrains a été d'une rapidité énorme.

Voici les motifs qui vont déterminer successi-
vement trois nouvelles hausses :

1° La fin des négociations de l'accord marocain sera suivie d'une ruée de Français et de capitaux français : Combien de gens attendent en
France que la question soit tranchée pour venir
prendre position ! donc, hausse probable d'ici
trois mois.

2° Chemins de fer Tanger-Fez : l'établissement
d'une voie de pénétration rapide et nouvelle, les
achats de terrains, le personnel et le matériel
apportés, vont produire un afflux de capitaux et
de personnes, d'ici deux ans.

3° La construction d'un port, d'un boulevard
circulaire, d'un tramway sur le quai de mer, pro-
duiront un troisième mouvement de hausse des
terrains (d'ici quatre ans).

4° Ceci, une idée à moi : l'Espagne un jour
abandonnera Tanger. L'Espagne, incapable de
tenir le Rif, se ruine en expéditions militaires ;
le tiendrait-elle qu'elle n'en ferait rien. Un jour,
il faut le souhaiter, nous négocierons avec l'Europe et l'Espagne pour demeurer seuls ici. Moyennant certaines concessions, nous l'obtiendrons.

Je ne vois donc que des causes de progrès et de plus-values. Je ne vois pas de causes contraires : les Mahométans ne seront jamais socialistes, le Maghzen exerce son autorité au bâton.

D'autre part, les hausses sont excessivement rapides, d'immenses lotissements se font, des routes se percent, des terrains doublent en quelques mois.

En résumé, il importe de se hâter, de se transporter et de s'implanter ici. Il convient d'acheter des terres, de les exploiter. Il convient de participer à la mise en œuvre du Maroc. Voilà les conclusions pratiques qu'inspirent à celui qui écrit ces lignes quelques semaines passées à Tanger et à Casablanca !

APPENDICE

Les pages précédentes étaient déjà à l'impression, lorsque a paru, sur l'œuvre de l'Espagne au Maroc, un article portant la signature d'un homme d'État Espagnol.

Des extraits de cet article donnés par le journal *Le Matin* dans le numéro du 14 avril 1912 confirment exactement la plupart de nos affirmations.

Nous reproduisons textuellement cette intéressante communication :

MADRID, 13 avril. — *Dépêche particulière du « Matin ».* — M. Gasset, ex-ministre de l'Agriculture, qui faisait partie, il n'y a pas plus d'un mois, du ministère présidé par M. Canalejas, publie dans le journal *l'Imparcial* une série d'articles contre le gouvernement, qu'il accuse d'être soumis à la volonté des conservateurs.

L'article paru ce matin est intéressant, surtout au moment où les négociations franco-espagnoles qui décideront de l'avenir de l'Espagne en Afrique semblent devoir se prolonger.

M. Gasset soutient que l'Espagne doit développper les richesses qui sont en germe dans la péninsule avant d'entreprendre des aventures coûteuses pour lesquelles elle n'est pas outillée, et il ajoute :

Nous devrions limiter nos efforts à la défense de nos anciennes possessions, car notre peuple,

déchu et affaibli, *ne peut pas faire face aux dépen-*
ses en hommes et en argent que ces nouvelles entre-
prises exigent.

Défendons ce qui nous appartient depuis long-
temps et tâchons de faire sur le sol africain des
conquêtes plus efficaces, en y développant le com-
merce et l'industrie. **Si nous ne changeons pas**
notre ligne de conduite, *il nous faudra renoncer*
au relèvement du pays, et **nous marcherons tout**
droit à la ruine.

M. Gasset pose ensuite les questions suivantes :

Une nation appauvrie peut-elle entreprendre
une affaire sans savoir ce dont elle aura besoin
pour la mener à bonne fin ? **Avons-nous le droit**
de tenter de faire ailleurs ce que nous n'avons
pas su faire chez nous ? *Pourrions-nous jamais*
dépenser dans notre zone ce que la France dépen-
sera dans la sienne ? Ne nous exposons-nous pas
dans l'avenir à provoquer de fâcheuses comparai-
sons qui seront une source perpétuelle de conflits?

Le pays, dit M. Gasset, *comprend tout cela, et il*
demande que notre ambition soit en rapport avec
nos moyens.

Les journaux républicains s'expriment depuis
longtemps dans ce sens, mais c'est la première
fois qu'un homme politique, partisan du régime
actuel et aussi influent que M. Gasset, qui a été
cinq fois ministre, ose ne pas déguiser sa pensée.

Les articles de l'*Imparcial* produisent une
énorme impression et susciteront certainement
des débats intéressants aux Cortès.

MAYENNE, IMPRIMERIE CHARLES COLIN